MAURA DE ALBANESI

Natural de São Paulo, Maura de Albanesi é a idealizadora do método Vitalidade Energética, a união dos aspectos físicos, emocionais e espirituais que compreendem a saúde emocional do homem. É graduada em Educação Física e Psicologia, pós-graduada em Psicoterapia Corporal, Terapia de Vidas Passadas, Psicoterapia Transpessoal, Formação Biográfica Antroposófica e mestranda em Psicologia e Religião pela PUC. É fundadora e presidente do Renascimento — Núcleo de Desenvolvimento Humano e Espiritual.

© 2013 por Maura de Albanesi
©iStockphoto.com/AaronAmat

Coordenação de criação: Priscila Noberto
Capa e Projeto Gráfico: Regiane Stella Guzzon
Preparação: Sandra Garcia Custódio
Revisão: Cristina Peres e Sandra Garcia Custódio

1ª edição — 1ª impressão
5.000 exemplares — outubro 2013

Dados Internacionais de Catalogação na Publicação (CIP)
(Câmara Brasileira do Livro, SP, Brasil)

Albanesi, Maura de
Tô a fim de ficar bem / Maura de Albanesi. –
São Paulo : Centro de Estudos Vida & Consciência Editora, 2013.

ISBN 978-85-7722-259-9
1. Livro de frases 2. Reflexão I. Título.

13-09762   CDD-808.882

Índices para catálogo sistemático:
1. Frases : Reflexão : Literatura 808.882

Todos os direitos reservados. Nenhuma parte desta edição pode ser utilizada ou reproduzida, por qualquer forma ou meio, seja ele mecânico ou eletrônico, fotocópia, gravação etc., tampouco apropriada ou estocada em sistema de banco de dados, sem a expressa autorização da editora (Lei nº 5.988, de 14/12/1973).

Este livro adota as regras do novo acordo ortográfico (2009).

Editora Vida & Consciência
Rua Agostinho Gomes, 2.312 – São Paulo – SP – Brasil
CEP 04206-001
editora@vidaeconsciencia.com.br
www.vidaeconsciencia.com.br

MAURA DE ALBANESI

PALAVRA DA AUTORA

Querido leitor,

É com imensa alegria que compartilho com você algumas ideias para que juntos possamos refletir sobre a melhor maneira de viver intensamente cada momento, aflorando em nós o verdadeiro amor que desbrava novos horizontes para as infinitas possibilidades de ser feliz.

Boa leitura!

Com amor,
Maura de Albanesi

A VIDA É COMO UM RIO que reflete com exatidão nossa paisagem interior. Se não estamos satisfeitos com os peixes que pescamos, não devemos criticá-los, mas refletir com **honestidade** sobre o motivo de eles estarem no rio de nossa vida.

Neste momento, procure manter-se em paz, minimizando a angústia e a aflição que se expandem no mundo. Seja você um radar de paz e alegria. No astral existe disputa entre a paz e a guerra, você só precisa estar firme do lado da paz.

Como ousamos julgar alguém, uma vez que estamos todos interligados?

Dar respostas é fácil, difícil é levar os demais a obter suas próprias respostas. Por que as pessoas perguntam tanto de si para os outros? Por que enxergam na opinião do outro a verdade sobre si? Falta de autopercepção, de segurança e também, no fundo, uma forma de fugir da responsabilidade. Afinal, "foi o outro que disse, não eu".

Procure obter suas próprias respostas, somente elas o impulsionarão para a real transformação.

É difícil ocupar nosso lugar no mundo, mas ao ocupá-lo tudo fica mais fácil. Será que você está no seu lugar? Se você sente que sua vida não flui como gostaria, antes de criticar o outro, verifique qual papel você está desempenhando e se está ocupando o seu lugar devidamente.

Objetividade e clareza são encontradas mais facilmente nas pessoas que não possuem egos exaltados.

Por quê?

Porque as pessoas egoístas estão em contato com a aparência e aquelas isentas de ego, em contato com a própria essência.

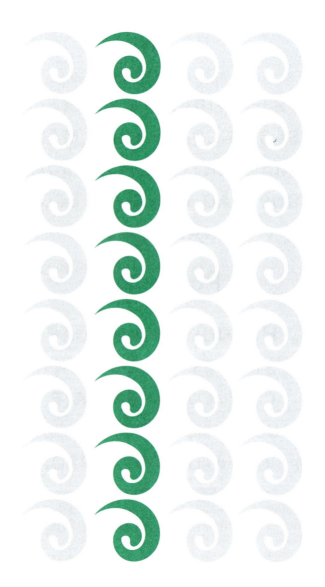

Explicar-se ou justificar-se em demasia sugere ao outro a intenção de manipular ou mesmo de estar escondendo algo, forjando a realidade. Pessoas prolixas demonstram insegurança. Não tema a opinião dos outros, seja claro e objetivo, vá direto ao assunto, isso demonstra confiança, segurança e transparência no que se quer. Ao fazer rodeios, você demonstra não estar confiante em sua opinião.

Muitos

relacionamentos entre homem e mulher são baseados no poder e na competição, no sentido da dominação — quem domina quem. Tanto o dominador como o que se submete usam máscaras. O primeiro para encobrir sua fraqueza; o segundo para esconder a irresponsabilidade com a própria vida.

A sensação de
onipotência faz com
que ultrapassemos
exageradamente
nossos limites, pois
acreditamos poder
mais do que realmente
podemos. A maior dor
do nosso amigo ego
é reconhecer sua
própria impotência.

A maior dor é a sensação de nossos limites, pois é o que ultrapassemos do que realmente podemos. A maior dor é a sensação de nossos limites, pois é nosso amigo ego que acreditamos poder reconhecer sua impotência, realmente ultrapassemos do que realmente podemos. A maior dor é a sensação de nossos limites, pois é nosso amigo ego que acreditamos poder reconhecer sua impotência, do que realmente podemos. A maior dor é nosso amigo ego que reconhecer s

Faça do que você está vivendo um grande poema de sentimentos alegres ou tristes, pois esta é a sua estrada. É importante ter objetivos e metas, mas eles não podem tirar a noção exata de onde você está agora, a estrada do hoje. Esteja inteiro neste dia e viva o seu caminho. Este é o seu processo de vida: você é o que você vive hoje!

HÁ PESSOAS QUE FAZEM MALDADES COM NOME DE BONDADE.

OS ACONTECIMENTOS DA SUA VIDA NÃO LHE PERTENCEM PROPRIAMENTE, MAS O QUE CONSEGUE APREENDER DELES, SIM. ESSA FORMA DE PERCEBER O MUNDO SE DÁ MEDIANTE SUA CONSCIÊNCIA. A CONSCIÊNCIA QUE VOCÊ DESENVOLVE PERANTE OS FATOS MANIFESTA SEU MODO DE SER.

Por que será que o ser humano tenta esconder sua sombra, uma vez que através da consciência da sombra o caminho da luz se apresenta? Aceitar os sentimentos que da sombra emergem, sem julgamentos, é uma grande sabedoria e nos traz alívio.

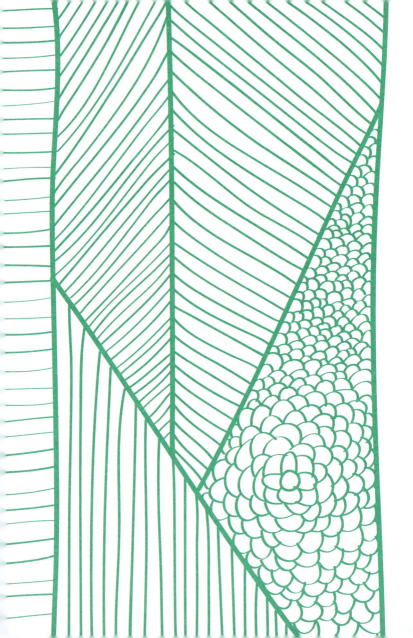

Pode-se fazer o **bem** sem ser bom, mas quem é bom naturalmente faz o bem. O bem proveniente do bom _é bom_. O bem de quem não é bom é uma negociação não específica do que se pretende. Só dá para saber se o bem que se recebeu é bom se este vier sem cobrança.

A grandiosidade dos oceanos se deve ao fato de eles estarem abaixo de todos os rios e riachos. A grandiosidade do ser torna-se notória quando ele reconhece humildemente sua pequenez e paulatinamente cresce

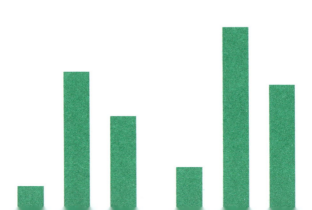

de baixo para cima. Os que tentam crescer de cima para baixo contrariam as leis da vida e, portanto, caem facilmente. As quedas da vida trazem à tona o patamar ilusório em que nos colocamos.

Apesar de a escravidão não existir mais, ainda nos escravizamos e criamos os troncos para nossos próprios sacrifícios. Ao perceber que erramos, ficamos dias e dias remoendo nossos erros. Não nos perdoamos. Perdemos o carinho por nós mesmos. Como o escravo que era castigado ao errar, nós, ao errarmos, impomos o sofrimento como necessário para nos trazer equilíbrio, ordem e justiça.
A lição que fica é: não se "chicoteie" ao errar. Em vez disso, **transforme o erro em uma inovadora maneira de acertar.**

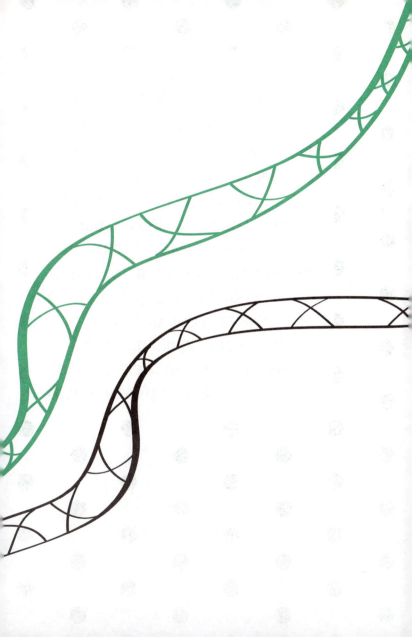

QUEM É QUE NÃO ALMEJA A PAZ? MAS O QUE É A PAZ?

Paz pode ser serenidade, tranquilidade, sossego, harmonia, paciência... A paz surge ao termos consciência de que estamos construindo a vida de maneira que nossa existência contribua de alguma forma para um mundo melhor. Se você quer carinho, você tem que dar carinho. Só se recebe aquilo que se dá! Se quiser uma mudança em sua vida, é só mudar os pensamentos, pois deles deriva nossa capacidade de criar uma ação. As Leis Universais do Retorno se encarregam de materializar tudo o que você pensa, tanto o bem quanto o mal. Não há nenhuma força punitiva no Universo, apenas ação e reação provocadas por nós mesmos. A liberdade de escolha do ser humano é absoluta. Ao escolher, estamos sujeitos às implicações das nossas escolhas. Reconhecer isso é tornar-se responsável pela própria vida.

Muitos acreditam

que o ciúme é uma manifestação de bem-querer, quando na realidade é apenas a expressão mais fidedigna da insegurança. O ciúme faz com que a pessoa acredite que possui o outro. Como ninguém é de ninguém, o temor se instaura e a posse prevalece. O ciúme é o pior inimigo do amor. Em vez de unir, afasta na tentativa de aprisionar, contradizendo a liberdade do amor. Este é verdadeiro, desinteressado e livre do temor. Simplesmente ame. Esse sentimento lhe fará bem por si mesmo. A retribuição é o bem-estar que o amor produz a quem ama. **Melhor do que ser amado é amar.**

Situações repetidas são lições não aprendidas. Não se surpreenda com as repetições, apenas conscientize-se: continuar fazendo as mesmas coisas, obtendo os mesmos resultados e ainda acreditar estar se esforçando é apegar-se à ilusão. Quem afirma já ter feito de tudo testemunha a própria falta de criatividade e eficácia. Há várias formas de se resolver um problema. Tentar resolvê-lo sempre da mesma forma é estagnar na reação em vez de promover uma ação.

Todo ato de construção requer uma destruição.

Algumas pessoas conseguem viver vários anos de uma mesma maneira e, quando resolvem mudar, querem uma mudança rápida, para ontem. Naturalmente, quando a consciência emerge, a urgência se faz presente, pois saímos do estado de sono profundo e despertamos para a realidade presente. Mas, apesar de o despertar ser imediato, a passagem de um estado para outro pode ser longa. Estipular metas para a resolução dos problemas diminui a ansiedade e movimenta o inconsciente para a mudança desejada.

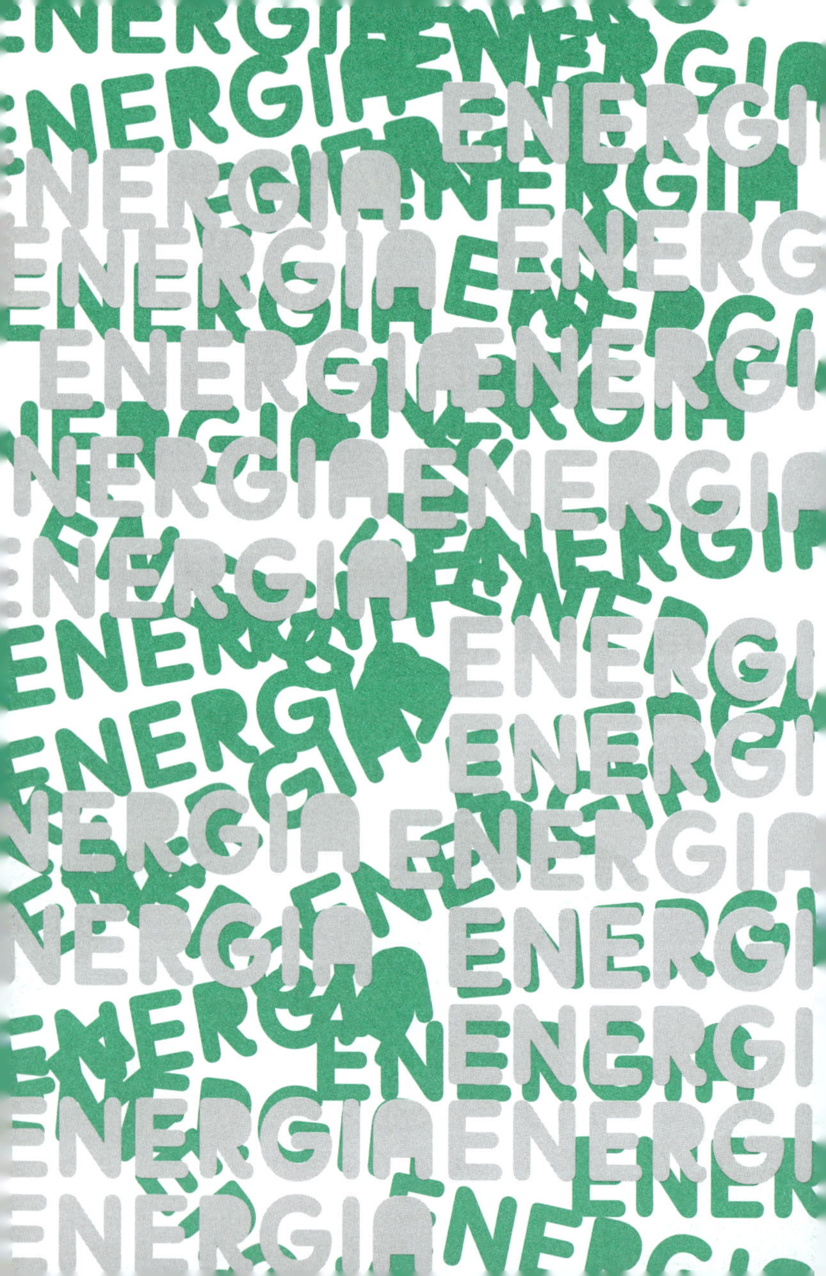
ENERGIA

Não há nada de imoral na masturbação. Nela há liberação de **energia**, mas, como não é compartilhada, pode não trazer satisfação plena, e talvez fique uma sensação de vazio. Durante o ato sexual, a troca de fluidos energéticos é intensa a ponto de os dois corpos tornarem-se um. Após o ato sexual, o homem introjeta aspectos femininos e vice-versa, por isso a mulher fica desperta e objetiva e o homem, sonolento.

A dor incita
a abertura da
consciência, sendo
proporcional à
sua expansão.

Em que momento se instala o fascínio por sucesso, controle, domínio, poder e dinheiro? Quando a ambição fisga o ser e o arrebanha para o ter. Não dá para ser feliz quando se tem um grande apego às coisas materiais. **O desejo do ter não tem fim.** E acabamos não nos importando se, para ter, precisamos trabalhar mais e mais.

<u>Saber comandar é também aprender a arte de ser comandado</u>, perceber que não há nada de superior ou inferior em ambos os lados. O respeito pelas distintas funções exercidas nasce da clareza do objetivo comum. O comandante deve ter muito claro seu objetivo e também os atributos facilitadores do comandado. Consiste nisso

a sabedoria para a otimização do processo rumo ao ideal a ser alcançado. Sem essa clareza, o comandante pode se vangloriar de certo poder sobre o outro, ofuscando sua visão e prejudicando seu ideal. É quando o desejo de poder subjuga a si e ao outro, lançando a todos no grande e profundo mar da vaidade.

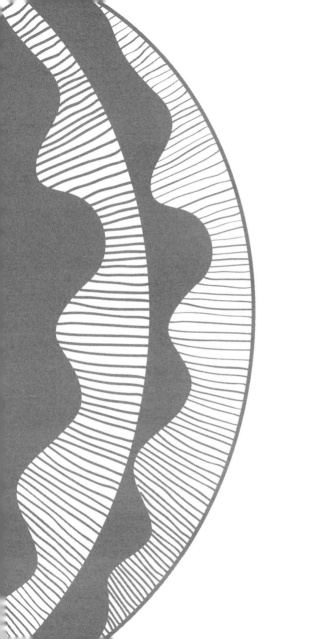

Por que o ser humano pensa que deve compreender tudo e se angustia quando não compreende?

Há certas coisas que são simplesmente para serem vividas e não compreendidas.

Viva mais!

Preocupe-se menos!

Você não precisa **RESOLVER TUDO.** Deixe a vida seguir seu fluxo sem pressa.

Por exemplo: um parente está doente e entramos em desespero. Há algo para ser feito? Às vezes não. De que adianta a agonia, então? Neste caso, tem que se viver a situação, sentir profundamente, absorver conhecimento e não se desesperar, porque de nada adianta a agonia.

As vivências sempre despertam um tipo diferente de sentimento extremamente válido para o processo de autoconhecimento.

Amizade

é troca afetiva. Estamos constantemente dando e recebendo algo. Há união e solidariedade entre pessoas que estão vivendo uma mesma situação. Olhe para todas as suas relações e descubra o lado afetivo que existe nelas. Gostar das pessoas e permitir que elas gostem de nós é uma opção. Não veja a amizade como uma simples troca de favores, mas sim como uma troca de fluxo de energia do puro amor que cada ser humano guarda em si. Amizades são trocas afetivas, sem as quais nós não vivemos. Sem amizade nosso coração vai secando.

A confiança em si, sem
se acreditar autossuficiente,
além de suscitar o potencial
genuíno do ser, imprime
convicção no que se faz. A
pessoa confiante entrega-
se com entusiasmo e alegria
ao trabalho e os possíveis
entraves não a levam ao
desânimo. Já os pessimistas
costumam relacionar queixas
como pretexto para se eximir
dos deveres, tentando ocultar
de si a própria preguiça.

A ideia de êxito e poder, inerente às conquistas materiais, está entranhada no estereótipo do homem moderno. Apesar de não admitirem, as pessoas se julgam superiores e arrotam vitórias diante de ganhos materiais. Neste teatro só há vencedores, nenhum perdedor, sendo que no palco da vida ora se ganha, ora se perde. Neste mundo competitivo, há o senhor e o escravo. Ao escravo são conferidos castigos de subordinação e servilidade. Ao senhor resta o ego, isolando-o em sua magnificência e distanciando-o da vã condição humana. Enquanto o homem subjugar o outro, deixando-se dominar por delírios de grandeza, a roda de vencedores e perdedores se manterá. Compartilhar emoções, realizações e conquistas é a maneira de preservar a integridade humana em que todos saem vencedores.

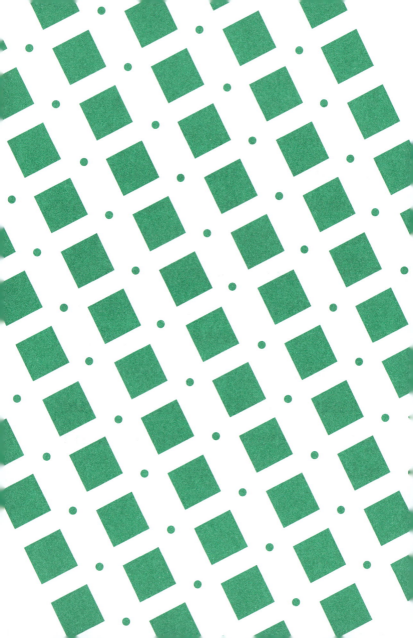

Ficar preso ao passado, sem atualizá-lo, obstrui o presente e o futuro. Manter um compromisso apenas como exemplo de caráter é pura covardia. Subjuga-se a essência para manter a excelência do bom comportamento. Somos seres sociáveis, adaptáveis a regras, o que favorece a ordem coletiva na qual nos acomodamos. Podemos chamar a isso de moral. Mas e quando a alma proclama liberdade fora dos muros da moralidade imposta e determinada como correta? Anular a si e seguir a corrente dos "normóticos" (normal + neurótico) o transforma em doente psicótico, na tão temida sociedade cuja moral irá excluí-lo. Ora, ou você se exclui de si em nome do correto ou o correto o excluirá porque a sua hipocrisia cedo ou tarde findará.

Num relacionamento gostoso e saudável não há grandes expectativas em relação ao outro, mas a aceitação do outro é fortalecida. Querer mudar o outro é sinônimo de falta de amor. O verdadeiro amor aceita e tolera todas as falhas do ser amado sem se incomodar. Só se ama o outro

ao conhecer o ser por inteiro, ou seja, suas qualidades e seus defeitos. Em um diálogo amoroso, não há vencedores e sim almas que se entrelaçam em um contínuo dar e receber.

O que mata um jardim não são as pragas, mas passar por ele indiferente. O que mata um relacionamento não são as brigas, mas sim o pouco caso às necessidades do outro. Cultivar o amor é como cultivar um jardim. Regue-o todos os dias com afeto, carinho e atenção e aceite o que é possível dar e receber. A beleza de um relacionamento afetivo está no quanto a pessoa consegue expressar em atos amorosos o que vai em seu coração.

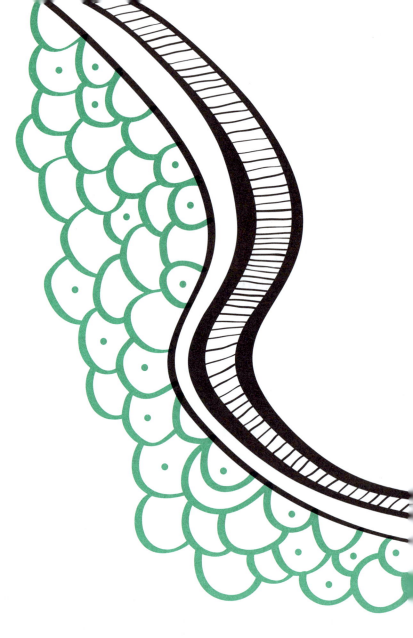

ACORDAR DE UM LINDO SONHO E SE DEPARAR COM A REALIDADE NEM SEMPRE É AGRADÁVEL. TRAZER O IDEAL DOS SONHOS PARA A REALIDADE E COMPÔ-LOS NELA É SINAL DE MATURIDADE DO ESPÍRITO, DE QUE SE CONSEGUE LIDAR COM AS FRUSTRAÇÕES SEM PERDER O BRILHO E A ALEGRIA DE CONTINUAR, ENCONTRANDO SOLUÇÕES PLAUSÍVEIS E ACEITÁVEIS EM UM CONTEXTO EXISTENCIAL.

Se você teve sucesso, pergunte a si mesmo o porquê e tente repetir a ação. Se fracassou, analise o porquê e aprenda com a experiência. O trabalho constrói, traz alegria, mas sem o prazer ele esgota e aniquila a capacidade criadora do homem. Preencher o tempo apenas com deveres é insanidade e irresponsabilidade de quem quer continuar produzindo. Fazer coisas diferentes no seu dia a dia traz benefícios ímpares, limpa a mente, mantendo-a como um receptáculo saudável para novas ideias. Para você se manter produtivo, tente encontrar o equilíbrio entre lazer e dever.

Há pessoas que não seguem sua consciência, pois cedem às exigências impostas pela sociedade. Elas vivem através do "tenho que". Fazem isso por vários motivos: pressão, medo, reconhecimento...

Se não estivermos firmes em nossos propósitos, o grupo social exercerá domínio sobre nós. Quem é guiado por sua intuição e essência está sempre reafirmando seu querer genuíno, agindo conforme a moral atual e a ética que é atemporal.

A traição provoca dores profundas na alma, ocasionando um sentimento de desolação. A pessoa traída mergulha rapidamente em uma mistura de sentimentos e sensações até então desconhecida. Esta gama de sentimentos e sensações pode incluir desde a vitimização e impotência até a mais articulada vingança. Acredito ser difícil imaginar e acertar qual seria a sua reação diante de uma traição. Na verdade, só quem vive uma traição sabe o que ela é. A pessoa traída sente que é a vítima, sente-se enganada e injustiçada. Com isso, pode direcionar sua ira para o ser amado, culpando-o por tudo. Pode também espalhar o fato para todos os que a rodeiam, entrar em depressão, entre outras coisas. Para enfrentar essa situação, **é necessário olhar para a relação,** incluir-se nela e tentar compreender o que se passou realmente.

Relacionar-se é difícil porque

nos deparamos com desafios internos, como a onipotência, julgamentos, críticas, vaidades etc. Só quando encararmos nossos monstros internos, poderemos nos considerar heróis de verdade e vivenciar a esplendorosa felicidade de se relacionar bem consigo e consequentemente com o outro.

Nossa principal tarefa nesta vida é sermos felizes e o caminho mais curto e mais certo para a felicidade é tornar o outro feliz.

Buscar o próprio brilhantismo denegrindo o outro ou rebaixar o próximo para se elevar são sinais de necessidade de reconhecimento e insegurança. A competição leal é quando o melhor de cada um é exaltado; a competição desleal é aquela que destaca o pior de cada um, sendo, então, o ganhador o "menos pior". Subir na vida pisando no outro é estar na ilusão da ascensão. A escada está, nesse caso, invertida. O tempo mostrará.

Relacionamentos exigem

flexibilidade e sabedoria e são a base do nosso crescimento. Não conseguimos crescer sozinhos; se assim fosse, estaríamos numa ilha, isolados. Na troca é que crescemos. Num relacionamento conseguimos nos ver e ver o outro. Nossa visão é apenas parte do todo; quanto mais estivermos abertos a essa troca, maior será nosso conhecimento sobre o todo, sobre o mundo. Porém, quando estamos numa conversa, não queremos ouvir o outro, só queremos uma brecha para falar de nós! Escutar é questão física.

Mas ouvir é algo que parte
do coração, é quando você está atento ao outro, quando se abre para compreender. As pessoas não ouvem, pois há o egocentrismo e também a questão energética – na hora em que o ouço, "dou" energia, não recebo. Na hora que você fala, está colocando algo para o outro. Se você não abre espaço para receber, não há troca. Pense antes: *o que essa pessoa tem para me acrescentar?* E ouça.

Toda ação tem dois lados: o profano e o sagrado. O profano é determinado pelo desejo. O sagrado nos liberta do medo de seguir o coração, fazendo-nos colocar toda energia criativa no Todo e compreender que **estamos todos interconectados** no tempo e no espaço, ressaltando a importância do papel de servir com solidariedade.

Dificilmente

pensamos no presente e quando o fazemos é para planejar o futuro. O raciocínio e a decisão ocupam-se desse processo esgotante. A ansiedade é a fuga do presente, uma agitação mental sobre o que fazer no futuro. Trata-se do cérebro tentando promover ações futuras disfarçando a inadequação e a inação do presente. Focar o pensamento no presente possibilita um raciocínio claro e tranquilo, pronto para esquematizar estratégias e soluções inteligentes.

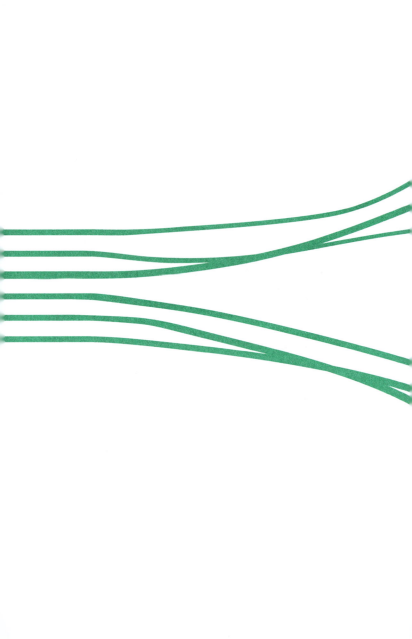

Saiba que todo grande defeito que você enxerga no outro é seu defeito também. Pense nisso! O defeito do outro não deveria incomodar; se incomoda, é porque há um pedaço dele em você.

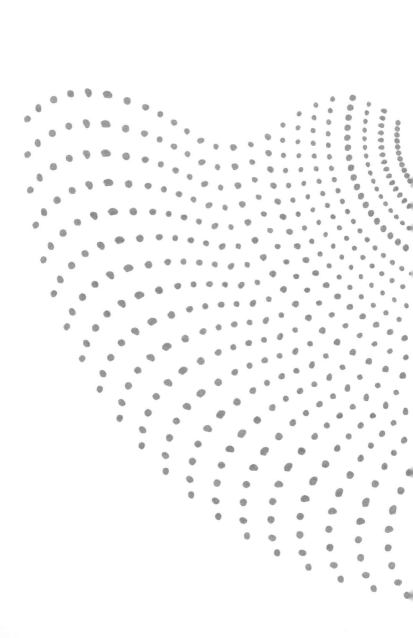

Sofremos muitas vezes porque pre ferimos a dor da ilusão à liberdade da **verdade**.

VIDA & CONSCIÊNCIA
GRÁFICA

Rua Agostinho Gomes, 2.312 – SP
55 11 3577-3200

grafica@vidaeconsciencia.com.br
www.vidaeconsciencia.com.br